JUEGOS OLÍMPICOS DE INVIERNO INCREÍBLES

SNOWBOARD

POR ASHLEY GISH

CREATIVE EDUCATION • CREATIVE PAPERBACKS

Publicado por Creative Education y Creative Paperbacks
P.O. Box 227, Mankato, Minnesota 56002
Creative Education y Creative Paperbacks
son sellos editoriales de The Creative Company
www.thecreativecompany.us

Diseño de The Design Lab
Producción de Graham Morgan
Dirección artística de Blue Design (www.bluedes.com)

Imágenes de Alamy Stock Photo/Cal Sport Media, portada, 1; Associated Press/GEPA pictures/ Christian Walgram, 10, LAURA RAUCH, 20; Getty Images/ Cameron Spencer, 21, David Ramos, 8, EMMANUEL DUNAND, 5, Ezra Shaw, 23, Fu Tian/China News Service, 17, Sam Mellish, 14; iStock/AlexLMX, 11, ultramarinfoto, 6; Shutterstock/Leonard Zhukovsky, 18, mountainpix, 16; Unsplash/ Philipp Kämmerer, 2; Wikimedia Commons/Martin Rulsch, 9, 13, VintageWinter, 7

Se ha hecho todo lo posible por contactar con los titulares de los derechos de autor del material reproducido en este libro. Cualquier omisión será rectificada en impresiones posteriores si se notifica al editor.

Copyright © 2026 Creative Education, Creative Paperbacks
Derechos de autor internacionales reservados en todos los países. Ninguna parte de este libro puede ser reproducida de ninguna forma sin permiso escrito del editor.

Library of Congress Cataloging-in-Publication Data
Names: Gish, Ashley, author.
Title: Snowboard / Ashley Gish.
Other titles: Snowboarding. Spanish
Description: Mankato, Minnesota : Creative Education and Creative Paperbacks, 2026. | Series: Juegos olímpicos de invierno increíbles | Includes index. | Audience: Ages 6-9 | Audience: Grades 2-3 | Summary: "Celebrate the Winter Olympic Games with this elementary-level introduction to snowboarding, the sport known for its halfpipe and slopestyle events. Also included in this North American Spanish translation is a brief biography of skier and snowboarder Ester Ledecká"-— Provided by publisher.
Identifiers: LCCN 2024046082 (print) | LCCN 2024046083 (ebook) | ISBN 9798889898955 (library binding) | ISBN 9781682779354 (paperback) | ISBN 9798889899747 (ebook)
Subjects: LCSH: Snowboarding—Juvenile literature. | Winter Olympics—Juvenile literature.
Classification: LCC GV857.S57 G5718 2026 (print) | LCC GV857. S57 (ebook) | DDC 796.939—dc23/eng/20241202
LC record available at https://lccn.loc.gov/2024046082
LC ebook record available at https://lccn.loc.gov/2024046083

Impreso en la India

Tabla de contenidos

Comienzos olímpicos	4
Atletas extremos	7
Equipo de snowboard	8
Snowboards aerodinámicos	11
Eventos olímpicos	12
Velocidad y amplitud	15
El increíble snowboard	20
Competidor destacado: Ester Ledecká	22
Índice	24

El snowboard se hizo popular en la década de 1970. Los primeros snowboards estaban hechos de tablones de madera. Los fabricantes de snowboards mejoraron las tablas. En 1998, se incluyó el deporte en los Juegos Olímpicos de Invierno. Los competidores de Canadá, Francia, Alemania y Suiza ganaron medallas de oro ese año.

El estadounidense Ross Powers ganó la medalla de bronce en los Juegos de 1998 en Nagano, Japón.

Un snowboard clásico

El snowboard es un emocionante deporte de invierno. Algunos snowboarders se deslizan a gran velocidad por un recorrido con baches o realizan grandes saltos. Otros eventos incluyen trucos en el aire.

El snowboard combina elementos del surf y el skateboarding.

Un casco protege la cabeza del snowboarder y ayuda a mantener las orejas calientes y secas.

Los snowboarders usan chaquetas abrigadas, pantalones de nieve, guantes y cascos. Se protegen los ojos con gafas. Los logotipos de los **patrocinadores** a menudo están impresos en su ropa.

patrocinador una persona o empresa que paga el equipo o material de un atleta

Las botas de snowboard tienen más soporte en los tobillos que la botas normales, y están diseñada para encajar en las fijaciones.

Las tablas modernas están hechas de **fibra de vidrio** aerodinámica. La mayoría mide aproximadamente 5 pies (1,5 m) de largo y 10 pulgadas (25,4 cm) de ancho. La parte inferior se encera. Esto ayuda a que se deslicen sobre la nieve. Las fijaciones aseguran los pies de los snowboarders a las tablas.

fibra de vidrio un material resistente hecho de una mezcla de fibras de vidrio y plástico

Los eventos incluyen categorías para hombres y mujeres. En el halfpipe, los snowboarders suben y bajan por los lados de una pista en forma de "U". Realizan trucos y volteretas en el aire. Ganan puntos por creatividad y control.

Los atletas a veces practican sus trucos aterrizando en airbags gigantes colocados cerca del halfpipe.

13

SNOWBOARD

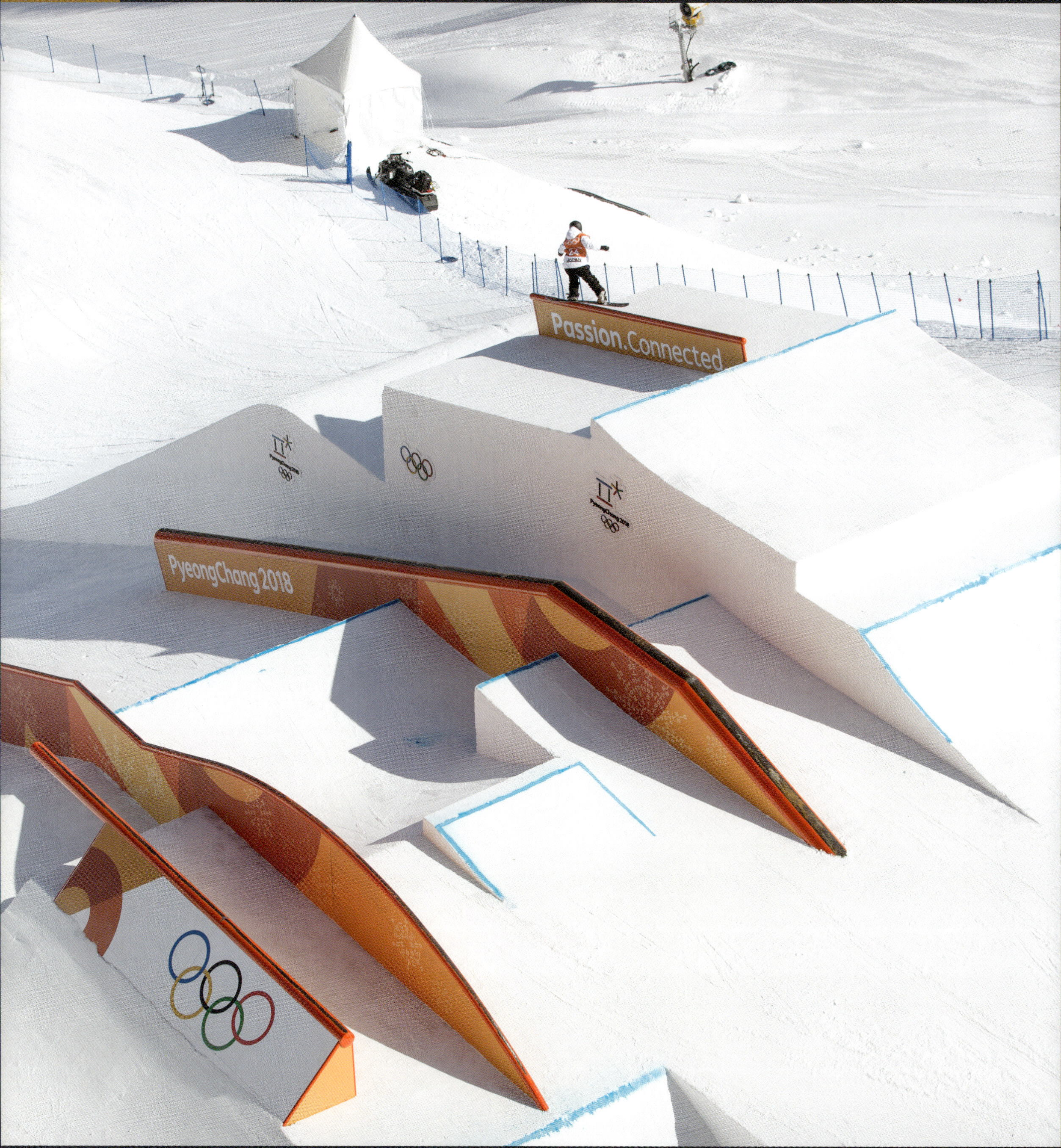

Passion.Connected.
PyeongChang 2018

En el evento de slopestyle, los atletas usan saltos y rieles para hacer trucos en el recorrido.

Los eventos de big air y slopestyle envían a los corredores por un recorrido con saltos. Los snowboarders ganan mucha **amplitud**. Luego realizan trucos en el aire.

amplitud el aire o la altura alcanzada en un salto

Los corredores de snowboard cross deben mantener el control y evitar chocar con obstáculos para mantenerse por delante de los demás.

Los corredores de slalom gigante paralelo alcanzan velocidades de hasta 43 millas por hora (69,2 km/h). En este evento, dos atletas compiten uno al lado del otro. Durante el snowboard cross, los atletas compiten en grupos de cuatro. Saltan y sortean baches. Vuelan por el aire. Toda la carrera termina en solo unos minutos.

paralelo alineado uno al lado del otro

slalom una carrera de descenso sobre un recorrido sinuoso o en zigzag marcado por puertas (postes flexibles)

SNOWBOARD

Shaun White es un snowboarder legendario. Incorporó nuevas habilidades y trucos al deporte. Ganó medallas de oro olímpicas en 2006, 2010 y 2018.

Shaun White se hizo famoso por el skateboarding y el snowboard. Compitió en cinco Juegos Olímpicos de Invierno desde 2006 hasta 2022.

Ross Powers en los Juegos Olímpicos de 2002

El snowboard es divertido de ver. No te pierdas la acción durante los próximos Juegos Olímpicos de Invierno mientras los mejores snowboarders del mundo muestran sus asombrosas habilidades.

Deslizarse por una superficie que no es nieve, como un riel, se llama "jibbing".

21

SNOWBOARD

Competidor destacado: Ester Ledecká

Ester
Ledecká es una esquiadora y snowboarder de la República Checa. Es la primera persona en la historia de los Juegos Olímpicos de Invierno en ganar medallas de oro en dos deportes diferentes. Ganó oro tanto en snowboard como en esquí alpino en los Juegos de 2018 en Pyeongchang, Corea del Sur. En 2022, Ledecká defendió su título olímpico en el evento de slalom gigante paralelo. ¡Ganó el oro en snowboard por segunda vez!

Índice

equipo, 8, 11
eventos, 12, 15, 16, 22
Ledecká, Ester, 22
medallas, 4, 19, 22
Powers, Ross, 4, 20
recorridos, 7, 15
saltos, 7, 15, 16
trucos, 7, 12, 15, 19
White, Shaun, 19